Liebe Leserinnen und Leser,

die Kreidemarker-Technik fasziniert mich nach wie vor sehr. Gerade in der dunklen Winter- und Weihnachtszeit kommen die Fensterbilder besonders gut zur Geltung. Außerdem gefällt mir, dass die Kunstwerke auf Fenstern, Tafeln, Windlichtern, Folien und Co. so einfach und schnell umzusetzen sind und dabei so wunderbar schöne Szenen, festliche Figuren oder elegante Bordüren entstehen.

In dieser Mappe habe ich weihnachtliche und winterliche Motive für Sie gestaltet, die sich auch gut miteinander kombinieren und austauschen lassen. Ergänzen Sie zum Beispiel einen Sternenhimmel über dem Weihnachtszug oder lassen Sie die zwei Eulen über den Wichtel im Winterwald wachen. Ihrer Fantasie sind keine Grenzen gesetzt!

Ich wünsche Ihnen eine schöne Weihnachtszeit und viel Freude beim Dekorieren!

Material und Werkzeug

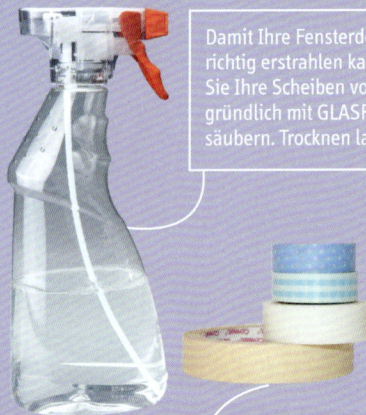

Damit Ihre Fensterdeko auch richtig erstrahlen kann, sollten Sie Ihre Scheiben vorher gründlich mit GLASREINIGER säubern. Trocknen lassen.

Mit KÜCHENPAPIER oder einem weichen Tuch lässt sich der Kreidemarker rückstandslos wieder entfernen. Für filigranere Arbeiten sind ZAHNSTOCHER, WATTE- oder SCHASCHLIKSTÄBCHEN besonders gut geeignet.

Auf den VORLAGENBOGEN finden Sie alle meine Motive. Alternativ nutzen Sie den Downloadcode auf Seite 8.

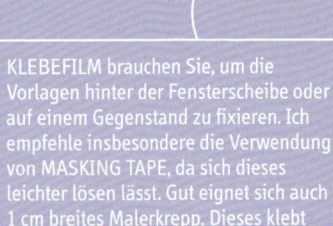

KLEBEFILM brauchen Sie, um die Vorlagen hinter der Fensterscheibe oder auf einem Gegenstand zu fixieren. Ich empfehle insbesondere die Verwendung von MASKING TAPE, da sich dieses leichter lösen lässt. Gut eignet sich auch 1 cm breites Malerkrepp. Dieses klebt nicht zu stark und hinterlässt keine Klebstoffspuren am Fenster.

Mit DOPPELSEITIGEM KLEBEBAND oder transparenten Klebepunkten können Sie fertige Folien-Motive am Fenster befestigen.

Statt direkt auf das Fenster können Sie auch auf FOLIEN zeichnen, die es in großer Auswahl im Handel gibt. Auf A3-Folien können Sie beispielsweise große Szenen einfach komplett am Tisch zeichnen. Wichtig ist, dass die Folie leicht zu schneiden ist, für große Motive sollte sie etwas stabiler sein (ca. 0,2-0,4 mm).

KREIDEMARKER gibt es in vielen verschiedenen Strichstärken und Farben. Fündig werden Sie im Bastelfachhandel. Probieren Sie einfach unterschiedliche Stifte aus und finden Sie Ihre Lieblingsmarker.

Mit SCHERE oder NAGELSCHERE können Sie kleinere Motive ausschneiden. Zum Aufhängen an einem weißen FADEN, BOUILLONDRAHT oder NYLONFADEN, müssen Sie mit der PRICKELNADEL ein Loch in die Folie stechen.

Mein Tipp

Sollte ein Kreidemarker nicht gleich funktionieren, dann schütteln Sie ihn und pumpen Farbe nach, indem Sie die Spitze eindrücken.

Fensterdeko mit dem Kreidemarker

Diese Technik erfordert etwas Übung und auf Fenstern mit Mehrfachverglasung ist es ein wenig schwieriger. Der Kreidemarker lässt sich allerdings schnell wieder abwischen.weiter!

1 Wählen Sie Ihr Lieblingsmotiv vom Vorlagenbogen aus und befestigen Sie es von außen an der Fensterscheibe. Mit ein paar Klebestreifen, Malerkreppband oder Masking Tape geht das am besten. Der Bogen sollte glatt anliegen. Ist der Vorlagenbogen zu groß, falten Sie das Papier auf die richtige Größe. Sie können das gewünschte Motiv auch passend über die Digitale Bibliothek ausdrucken.

2 Zu Beginn sollten Sie den Stift gut schütteln, damit die Linien schön gleichmäßig werden. Zeichnen Sie die Vorlage innen an der Scheibe nach. Übertragen Sie dabei das Motiv von links nach rechts, sodass die gezeichneten Linien nicht wieder verwischen. Es ist zudem hilfreich, beim Übertragen des Motivs, ein Auge zuzukneifen. Falls Sie mit dem Stift verrutschen, zeichnen Sie das Motiv mit Fantasie weiter!

3 Flächen kann man deckend ausmalen, oder mit kleinen Strichen schraffieren. Vermeiden Sie es, mehrere Male über den gleichen Strich zu malen. Dadurch sieht die Arbeit fehlerhaft aus. Sobald alle Linien nachgezogen sind, öffnen Sie das Fenster und entfernen die Vorlage auf der Außenseite.

4 Mit einem Wattestäbchen entfernen Sie Linien oder bessern Flächen, Punkte und andere Dekoelemente aus. Mit einem Holzstäbchen können Sie ganz vorsichtig Farbe wegkratzen, um schöne Details zu schaffen. Wenn Sie das Bild entfernen möchten, können Sie es einfach mit einem feuchten Lappen wieder wegwischen.

Mein Tipp

Damit Schriften von außen lesbar sind, müssen sie seitenverkehrt aufgemalt werden. Dazu die Schrift auf Butterbrot- oder Transparentpapier abpausen und spiegelverkehrt an die Scheibe kleben. Jetzt können Sie die Umrisse nachfahren.

Tipps und Tricks

Motiv positionieren

Um ein Motiv gut zu positionieren, hilft es, die Vorlage an der Fensterscheibe zu befestigen und dann aus ein paar Metern Entfernung zu überprüfen, ob die gewünschte Höhe und Breite stimmt und ob das Motiv gerade hängt.

Motiv am Fenster befestigen

Um die Vorlage flach an der Scheibe zu fixieren, verwende ich neben Masking-Tape, auch wiederablösbaren Sprühkleber und Malerkrepp.

Mein Tipp

Damit die Vorlagen übersichtlicher sind, habe ich manche Linien in Grau gezeichnet. Sie können diese auch mit einem dünneren oder farbigen Kreidestift malen.

Motiv ausbessern

Wenn Sie eine Zeichnung verwischen, können Sie die Motive mit einer Küchenrolle oder einem Papiertaschentuch ausbessern. Filigrane Linien korrigieren Sie am besten mit einem Wattstäbchen. An der korrigierten Stelle können Sie einfach erneut weitermalen. Doch nicht jede Linie, die nicht mit der Vorlage übereinstimmt, muss nachgebessert werden. Sie können Teile des Motivs nach Wusch ergänzen oder abändern.

Kreidestift-Größen

Im Handel finden Sie Kreidemarker in verschiedenen Stärken. Die dünneren eignen sich gut für kleine Details oder filigrane Fenstermotive, stärkere verwenden Sie, um Flächen auszumalen.

Bunte Kreidemarker

Alle Motive können Sie auch bunt mit dünneren Strichen ausmalen. Im Handel finden Sie mittlerweile ein großes Angebot an Farbtönen. Lassen Sie Ihrer Fantasie freien Lauf!

Freihandzeichnen

Sie können Motive auch frei von Hand direkt auf die Fensterscheibe malen. Zur Orientierung können Sie ein ähnliches Motiv vor sich legen und los geht es! Auch für all diejenigen, die eigene Motive entwerfen möchten, ist diese Technik wunderbar geeignet. Kombinieren Sie Ihre eigenen Ideen zum Beispiel nur mit einzelnen Teilen der Vorlagen in dieser Mappe.

Auf Folien malen

1 Kleben Sie die Folie mit etwas Klebeband auf die Vorlage. Die Linien mit Kreidemarker, Lackmalstift oder wasserfestem Filzstift nachfahren. Gut trocknen lassen. Danach die Vorlage entfernen und auf der Rückseite der Folien nach Wunsch farbige Details und Verzierungen aufmalen.

2 Schneiden Sie das Motiv mit einer normalen Schere oder einer Nagel- oder Silhouettenschere aus. Lassen Sie dabei einen dünnen Rand (ca. 1-2 mm) um die Außenlinien stehen. Zum Aufhängen stechen Sie oben ein Loch in die Folie, ziehen einen Faden hindurch und verknoten die Enden.

Mit Schablonen malen

1 Übertragen Sie die gewünschten Vorlagen mit Transparentpapier auf ein Stück Fotokarton, das etwa 4 cm größer als das Motiv sein sollte. Anschließend wird die Innenfläche vom Motiv mit einer spitzen Schere ausgeschnitten. Die Schablone am Fenster fixieren und die Innenflächen mit Kreidefarben oder Fingerfarben ausmalen. Sie können die Farbe aber auch mit einem Küchen-schwämmchen oder Pinsel auftupfen.

2 Die Farbe etwas antrocknen lassen und die Schablone vorsichtig abziehen. Fertig! Übrigens, eine Schablone aus Fotokarton können Sie ganz einfach mehrfach verwenden.

Gläser, Spiegel und Gegenstände beschriften oder verzieren

Mit dem Kreidestift können Sie viele Gegenstände bemalen und beschriften wie z. B. Gläser, Folien, Spiegel, Fliesen oder Glastüren.

1 Auf einer Tafel können Sie frei-händig gestalten. Alternativ können Sie die Motive mit Pauspapier auf die Tafel übertragen.

2 Gläser gestalten Sie, indem Sie das Motiv von der Vorlage ausschneiden oder kopieren und von innen mit etwas Klebeband am Glas befestigen. Malen Sie die Linien auf der Außenseite mit dem Kreidemarker nach.

Alle Vorlagen auf einen Blick

Bogen A

Bogen B

Bogen D

Bogen C

Bogen E

Bogen F

Bogen G

Die Vorlagen zu diesem Buch stehen in Ihrer Digitalen Bibliothek unter **www.topp-kreativ.de/ digibib** nach erfolgter Registrierung zum Ausdrucken bereit.
Den Freischalte-Code finden Sie im Impressum.

Pia Pedevilla, ladinischer Muttersprache, lebt in Bruneck (Südtirol). Sie studierte Kunst in Gröden und Werbegrafik in Urbino. Seit Jahren ist sie im Bereich der Illustration und des Designs für Kinder tätig und hat lange Kunst und Werken unterrichtet. Heute leitet sie Fortbildungskurse für Lehrer und interessierte Erwachsene und gibt Unterricht in den Fächern Kunst und Musik an der Uni in Brixen. Im frechverlag hat sie über 100 Bücher über verschiedene Arbeitstechniken veröffentlicht. Auf ihrer Internetseite können Sie einen Blick in ihre Bücher werfen und erhalten Basteltipps sowie das aktuelle Kursangebot:

www.piapedevilla.com

Außerdem ist sie auf Facebook als „Pia Pedevilla Design" und „Pia Pedevilla" aktiv.

DANKE

Wir danken der Firma C. KREUL GMBH & CO. KG für die freundliche Bereitstellung von Materialien.

Der Freischalte-Code für die Vorlagen lautet: 10444

TOPP – Unsere Servicegarantie

WIR SIND FÜR SIE DA! Bei Fragen zu unserem umfangreichen Programm oder Anregungen freuen wir uns über Ihren Anruf oder Ihre Post. Loben Sie uns, aber scheuen Sie sich auch nicht, Ihre Kritik mitzuteilen – sie hilft uns, ständig besser zu werden.

Bei Fragen zu einzelnen Materialien oder Techniken wenden Sie sich bitte an unseren Kreativservice, Frau Erika Noll.
mail@kreativ-service.info
Telefon 07 11 / 123 757 20.

Das Produktmanagement erreichen Sie unter:
pm@frechverlag.de
oder:
frechverlag
Produktmanagement
Turbinenstraße 7
70499 Stuttgart
Telefon 07 11 / 8 30 86 68

LERNEN SIE UNS BESSER KENNEN! Fragen Sie Ihren Hobbyfach- oder Buchhändler nach unserem kostenlosen Magazin **Meine kreative Welt.** Darin entdecken Sie zweimal im Jahr die neuesten Kreativtrends und interessantesten Buchneuheiten.

Oder besuchen Sie uns im Internet! Unter **www.topp-kreativ.de** können Sie sich über unser umfangreiches Buchprogramm informieren, unsere Autoren kennenlernen sowie aktuelle Highlights und neue Kreativtechniken entdecken, kurz – die ganze Welt der Kreativität.

Kreativ immer up to date sind Sie mit unserem monatlichen **Newsletter** mit den aktuellsten News aus dem frechverlag, Gratis-Bastelanleitungen und attraktiven Gewinnspielen.

IMPRESSUM

MODELLE UND ILLUSTRATIONEN: Pia Pedevilla
FOTOS: frechverlag GmbH, 70499 Stuttgart (Freisteller auf S. 2); C. KREUL GmbH & Co. KG (Freisteller von Kreidemarkern auf Cover und S. 2); Georg Hofer, Brixen (Autorin mit Wunderkerzen); Pia Pedevilla, Bruneck (alle übrigen)
PRODUKTMANAGEMENT UND LEKTORAT: Nele Schlötzer
COVERGESTALTUNG: Tatjana Weiß
GESTALTUNG: Katrin Röhlig
DRUCK: Tiskárna Grafico s.r.o., Tschechische Republik

1. Auflage 2021

© 2021 **frechverlag** GmbH, Turbinenstraße 7, 70499 Stuttgart

ISBN 978-3-7724-4605-4 • Best.-Nr. 4605